おうち で カンタン

吉乃川バル
yoshinogawa bar

料理　中島有香

撮影　村井 勇

吉乃川株式会社

はじめに

伝統の技と"いまどき"の味わい。

どちらも楽しめる吉乃川のお酒にはわくわくがギュッと詰まったバル風のおつまみがよく似合う。

ふだん使いの素材をメインにして手順はなるべくシンプルに。

その日のシーンと気分に寄り添いながらお酒もおつまみも選べるように

くいしんぼう目線で考えたとっておきの30品。

お家呑みならではのしあわせをゆるゆると感じていただければとても嬉しいです。乾杯！

なかじま ゆか

目　次

- 02 「吉乃川で、乾杯！」中島有香
- 06 この本の使い方

- 08 — Part I　そばに置きたい　日々味わう お酒とともに

- 10 牡蠣とごぼうの白味噌仕立て
- 12 ねぎの和風グラタンスープ
- 14 鶏肉と玉ねぎのマヨクリーム炒め
- 16 ポーチドエッグの卵黄ソース
- 18 豚巻きねぎの豆乳酒鍋
- 20 あさりの茶碗蒸し

- 21 — 吟醸酒とともに

- 22 キャベツとベーコンの挟み煮
- 24 トマトの和風マリネ
- 26 小松菜とチーズのピザパイ
- 28 枝豆のかき揚げ そうめん仕立て
- 30 たらとポテトのグラタン
- 32 キャベツのおちょぼ焼き
- 34 豚肉とわかめの揚げだし煮

- 35 — 純米酒とともに

- 36 大根とぶりのステーキ
- 38 さんまのエスニック煮
- 40 豆腐とゼリーのパフェ
- 42 揚げなすとにんにくのカレー風味
- 44 いかとトマトのガーリックソテー
- 46 まぐろのピリ辛鍋

48 れんこんのポタージュスープ	68 チーズパンケーキ ゆず酒シロップ
50 鯛の和風アクアパッツァ	70 ココアチーズムース

(52) — Part II 特別な時に！リッチなお酒とともに

54 きのこと塩辛のアヒージョ
56 鯛の洋風手毬すし
58 牛肉の重ねカツ れんこんチップ添え
60 いかのスパイシーサモサ
62 枝豆と豚ひき肉 サルシッチャ風パスタ

(63) — カフェ気分で♪

64 里芋とたらのコロッケ
66 たけのこ焼き豚の春巻き

71 吉乃川のお酒
74 吉乃川の酒造り
76 吉乃川の歴史
78 吉乃川農産
79 吉乃川女子部
80 吉乃川酒蔵資料館「瓢亭」

この本の使い方

1 まずは、飲むシーンで選んで。

ふだん気軽に？　　ちょっぴり贅沢な時間に？

 or

2 次に、レシピに合わせるお酒はコレ！

それぞれのレシピにぴったりなお酒をご紹介。
もちろんお酒からレシピを選ぶのもOK！

> **!** ちなみにお酒の種類って？
>
> 日本酒は大きく「普通酒」と「特定名称酒」に分けられます。
> 特定名称酒には「本醸造酒」「純米酒」「吟醸酒」があります。
> さらに製法により「純米吟醸酒」「大吟醸酒」「純米大吟醸酒」
> などに分けられます。

3 メインの材料からも選べます。

野菜、肉、魚介、卵、豆腐。
ふだんの食材がおしゃれなバル料理に変身！

4 ワンポイントでさらにおいしく。

おいしく作るポイントをご紹介。

食材の個性をマイルドに包む白味噌味。辛口のお酒にぴったり。

牡蠣とごぼうの白味噌仕立て

材料（2人分）

- 牡蠣…80g
- ごぼう…1/2本
- 白玉粉…50g
- 白味噌…大さじ2
- だし汁…1カップ
- 酒…50cc
- ごま油…大さじ1
- 好みで七味唐辛子…適量

作り方

1. ごぼうはささがきにする。牡蠣は洗う。
2. ボールに白玉粉を入れ、ぬるま湯50ccを少しずつ加えて混ぜ、耳たぶくらいの固さに練る。
3. 2を8等分して丸め、真ん中をくぼませて形を調える。熱湯でゆでる。
4. 鍋にごま油を熱し、1を炒め、だし汁、酒を入れふたをして煮る。3を加え、白味噌を溶き入れる。

point 白玉粉は浮いてからさらに1分ほどゆでて♪

Gyokai

厳選辛口

This SAKÉ このレシピにあうお酒
飲み飽きしない 蔵を代表する 日常酒

3 メインの材料

 魚介 Gyokai
 豆腐 Tofu
 肉 Niku
 野菜 Yasai
 米 Kome
 卵 Tamago
 デザート Dessert

 1 飲むシーン

 4 ワンポイント

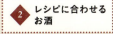 **2** レシピに合わせるお酒

おうちでカンタン 吉乃川バル yoshinogawa bar

おうちでカンタン
吉乃川 *yoshinogawa*
バル *bar*

I

Part I | そばに置きたい
日々味わうお酒とともに

With Regular SAKÉ

おうちの食卓に、ワイン感覚で置いておきたい
いつものお料理と相性バツグンなお酒たち。
普通酒、吟醸酒、純米酒。きょうはどれにする?

食材の個性をマイルドに包む白味噌味。辛口のお酒にぴったり。

牡蠣とごぼうの白味噌仕立て

Gyokai

材料（2人分）

- 牡蠣…80g
- ごぼう…1/2本
- 白玉粉…50g
- 白味噌…大さじ2
- だし汁…1カップ
- 酒…50cc
- ごま油…大さじ1
- 好みで七味唐辛子…適量

作り方

1. ごぼうはささがきにする。牡蠣は洗う。
2. ボールに白玉粉を入れ、ぬるま湯50ccを少しずつ加えて混ぜ、耳たぶくらいの固さに練る。
3. 2を8等分して丸め、真ん中をくぼませて形を調える。熱湯でゆでる。
4. 鍋にごま油を熱し、1を炒め、だし汁、酒を入れふたをして煮る。3を加え、白味噌を溶き入れる。

point 白玉粉は浮いてからさらに1分ほどゆでて♪

This SAKÉ このレシピにあうお酒

飲み飽きしない蔵を代表する日常酒

厳選辛口

すっきりしたお酒がねぎの甘みを引き出します。

ねぎの和風グラタンスープ

材料（2人分）

- 長ねぎ…2本
- 万能ねぎ（小口切り）…少々
- ゆずの皮…少々
- 油揚げ…1/2枚
- ミックスチーズ…大さじ4
- バター…大さじ1
- オリーブ油…適量
- 塩…少々

[スープ]
だし汁…300cc
酒…50cc
しょうゆ…大さじ1

作り方

1. 長ねぎは斜めスライスにする。
2. 鍋にバター、オリーブ油を入れて熱し、**1**を炒める。しんなりしたら**[スープ]**を入れて煮、塩で味を調える。
3. 耐熱の器に**2**を入れ、2等分にした油揚げをのせ、その上にミックスチーズをのせる。200℃のオーブンで約12分焼き、ゆずの皮、万能ねぎをトッピングする。

point 長ねぎは焦さないようじっくり炒めて♪

This SAKÉ このレシピにあうお酒

程よい旨みとすっきりとした後味

厳選辛口

玉ねぎの甘みとコクが辛口のお酒にぴったり！

鶏肉と玉ねぎのマヨクリーム炒め

Niku

材料（2人分）

- 鶏もも肉…200g
- 玉ねぎ…2個
- サラダ菜…少々
- 塩…少々
- 小麦粉…適量
- サラダ油…適量

[マリネ液]
酢…大さじ2
しょうゆ…大さじ1

[ソース]
マヨネーズ…大さじ2
生クリーム…大さじ1
酒…大さじ1
砂糖…小さじ1/2
豆板醤…小さじ1/2
塩…少々

作り方

1. 玉ねぎ1と1/2個は1cm幅のくし切りにする。
2. 残りの玉ねぎはスライスし、[マリネ液]をまぶしておく。
3. 鶏肉はひと口大に切り、塩、小麦粉をまぶす。
4. フライパンに油を熱し、3を炒める。中まで火が通ったら1を入れて炒め、混ぜ合わせた[ソース]をからめる。
5. 器にサラダ菜を敷き4を盛り、2をのせる。

point 玉ねぎのダブル使いがおいしさのコツ！

This SAKÉ このレシピにあうお酒

新潟県産米の
自然の旨みと
きれいな後味

厳選辛口

レモンの酸味効果で、洋食が日本酒おつまみに変身。

ポーチドエッグの卵黄ソース

材料（2人分）
- 卵…2個
- スモークサーモン…2枚
- バゲットスライス…2枚
- 酢…少々

[卵黄ソース]
卵黄…1個分
レモン汁…大さじ1
酒…30cc
溶かしバター…大さじ1

作り方
1. ［卵黄ソース］を作る。鍋に卵黄、レモン汁、酒を入れ、弱火にかけながら混ぜる。とろみがついたら火を止め、溶かしバターを混ぜる。
2. 鍋に湯を沸かし、沸騰したら弱火にして酢を加える。箸でかき混ぜ渦を作り、割った卵を1個静かに入れる。白身が少し固まったら網ですくい、冷水に取る。残りの卵も同様にして作る。
3. 皿にトーストしたバゲットを置き、スモークサーモン、2をのせ、1をかける。

point 広がる白身をやさしく寄せながらゆでて♪

This SAKÉ このレシピにあうお酒

冷酒でもお燗でも楽しめる万能タイプ

杜氏の晩酌
本醸造

まろやかなスープがお酒の風味を引き立てます。
豚巻きねぎの豆乳酒鍋

材料（2人分）

- 豚バラスライス…100g
- 万能ねぎ…8本
- 白菜…200g
- しめじ…1パック
- 塩…少々
- ごま油…大さじ1

[つゆ]
| 豆乳…150cc
| だし汁…150cc
| 酒…150cc

作り方

1. ねぎは10cm長さに切り、10本くらいを束にして豚肉で巻く。
2. 白菜は食べやすい大きさに切り、しめじはほぐす。
3. 土鍋にごま油を熱し、*1* を焼き付け、取り出す。[**つゆ**]の材料を入れて温める。
4. *3* の豚肉、*2* を入れてふたをし、煮込む。

point 豆乳は沸騰させ過ぎないように注意！

This SAKÉ このレシピにあうお酒

酒米「五百万石」のきれいな味わい

杜氏の晩酌 本醸造

本醸造酒の程よいまろやかさが
だしの風味を包み込みます。

あさりの茶碗蒸し

材料（2人分）

- あさり…180g
- 卵…1個
- 酒…大さじ2
- 塩…少々
- 三つ葉…少々

[タレ]
- しょうゆ…小さじ1
- はちみつ…小さじ1

作り方

1. 鍋にあさり、酒、水150ccを入れてふたをし、あさりの口が開くまで蒸し煮する。
2. 1を漉し、冷ます。殻は取り除き、身と[タレ]を合わせる。
3. 溶いた卵、2のだし汁、塩を混ぜ合わせる。網で漉し、器に注ぎ、アルミホイルでふたをする。
4. フライパンに水を入れ（器の半分の高さ）、沸騰させる。3を並べてふたをし、弱火で7分蒸す。火を止め、そのままの状態で15分蒸らす。
5. あさりの身、三つ葉をトッピングする。

point 余熱を利用するから
カンタン&失敗ナシ！

This SAKÉ このレシピにあうお酒

冷酒でも
お燗でも
楽しめる

杜氏の晩酌
本醸造

— 吟醸酒とともに —

With
Ginjo SAKÉ

上品な香りと含んだ瞬間のきれいな味わい&後味。
1日がんばった自分へのごほうびに。

I

スープのやさしい風味が吟醸酒の滑らかさを引き立てます。

キャベツとベーコンの挟み煮

材料（2人分）
- キャベツ…1/4個
- スライスベーコン…3枚
- スライスチーズ…2枚
- 酒…60cc
- 固形コンソメ…1個
- 塩…少々

作り方
1. ベーコンとチーズは半分に切る。
2. キャベツは芯を残したまま、葉に *1* を交互に挟む。
3. 鍋に *2*、水150cc、酒、コンソメを入れ、ふたをして煮る。キャベツがやわらかくなったら塩で味を調える。

point スープに溶け出たチーズでまろやかな風味に♪

This SAKÉ
このレシピにあうお酒

さわやかな香りと上品な味わいの絶妙なバランス

吟醸
極上吉乃川

トマトと山椒が醸す新たな味わい。吟醸酒がすすみます。

トマトの和風マリネ

材料（2人分）

- トマト…3個
- かつおぶし…一つかみ

［マリネ液］
にんにく…1カケ（包丁の背で潰す）
酒…60cc
酢…100cc
砂糖…大さじ2
粉山椒…少々
塩…少々

作り方

1 トマトは熱湯に30秒ほどくぐらせ、氷水につける。皮と種を取り除き、2cm角に切る。

2 鍋に［**マリネ液**］の材料を入れてひと煮立ちさせ、火を止める。
かつおぶしを入れて粗熱をとる。

3 保存瓶などに *1*、*2* を入れ、冷蔵庫でひと晩以上寝かせる。

4 豆腐にかけたりパンにのせたり、さまざまなトッピングで。

point 取り除いた種はスープなどに活用♪

This SAKÉ
このレシピに
あうお酒

舌触りなめらかで
きれいな味わい

吟醸
極上吉乃川

苦味とクセのある大人味のピザは吟醸酒にぴったり！

小松菜とチーズのピザパイ

Yasai

材料（2人分）

- 小松菜…100g
- にんにく…1カケ
- ブルーチーズ…50g
- アンチョビ…2枚
- 冷凍パイシート…1枚
- 酒…大さじ1
- しょうゆ…大さじ1/2
- オリーブ油…大さじ1

作り方

1. 小松菜は3cm長さに切る。
2. にんにく、アンチョビはみじん切りにする。
3. ブルーチーズは細かくちぎり、酒をふっておく。
4. フライパンにオリーブ油、**2**を入れて火にかける。香りがでたら**1**をサッと炒め、しょうゆを加える。
5. パイシートは室温に戻しひと周り大きく伸ばす。四方を5mmくらい折り返し、**4**をのせ、**3**をちらす。200℃のオーブンで約10分焼く。

point パイシートにのせる具材は粗熱をとってから！

This SAKÉ このレシピにあうお酒

軽やかな味わいの吟醸酒。冷酒がおすすめ

越後吟醸

喉ごしのいいおつまみそうめんを吟醸酒とともに。

枝豆のかき揚げ そうめん仕立て

Yasai

材料（2人分）

- 枝豆（塩ゆでしてさやから取り出す）
　…1/2カップ
- 長いも…100g
- オクラ…4本
- 小麦粉…1/2カップ
- 酒…60cc
- そうめん…100g
- そうめんつゆ…適量
- サラダ油…適量

作り方

1. 小麦粉、酒を混ぜ合わせ、枝豆を加える。
2. *1*を半分量ずつスプーンですくい、170℃の油で揚げる。
3. 長いもは皮をむいてすりおろす。オクラはゆでて小口切りにする。
4. 器にゆでて洗ったそうめんを盛り、めんつゆをかけ、3、2の順でのせる。

point 　小麦粉を酒でのばしてコクのある生地に♪

This SAKÉ このレシピにあうお酒

サラリと味わえる
常備したい食中酒

越後吟醸

素材とお酒。やさしい味わい同士が醸すおいしさ。

たらとポテトのグラタン

Gyokai

材料 (2人分)
- 真たら…150g
- じゃがいも…1個
- 酒…50cc
- 固形コンソメ…1個
- 粉チーズ…大さじ1

[クリームソース]
- バター…20g
- 生クリーム…100cc
- 小麦粉…大さじ1
- 塩…少々

作り方

1. たらはひと口大に切る。
2. じゃがいもは皮をむいて3mm厚さの輪切りにする。
3. 鍋に2、酒、水150cc、コンソメを入れ、ふたをして煮る。火が通ったらたらを加え、さっと煮る。
4. じゃがいもとたらを取り出してグラタン皿に並べる。煮汁を取っておく。
5. [クリームソース]を作る。フライパンにバターを溶かし、小麦粉を入れて炒める。4の煮汁、生クリームを入れてのばし、塩で味を調える。
6. 5を4にかけ、粉チーズをふり200℃のオーブンで8〜10分焼く。

point 旨みが出た煮汁はソースに使用♪

This SAKÉ このレシピにあうお酒

おだやかな味わいで
どんな温度帯もOK

**杜氏の晩酌
吟醸**

ホタテと桜えびが、吟醸酒のやさしい香りを際立たせます。

キャベツのおちょぼ焼き

材料（2人分）

- キャベツ…1/4個
- ほたて刺身…3個
- 干しえび…10g
- サラダ油…少々

[生地]
- 小麦粉…100g
- 卵…1個
- 酒…80cc
- しょうゆ…大さじ2

作り方

1. キャベツはラップをして500Wのレンジに5分ほどかけ、細かく切る。
2. ほたては4等分にする。
3. 卵、酒、しょうゆ、小麦粉の順で混ぜて[生地]を作り、1、2、干しえびを混ぜ合わせる。
4. フライパンに油を熱し、3をすくって直径8cmくらいになるように広げ、両面を焼く。

point キャベツの水気はしっかりしぼって加えて！

This SAKÉ このレシピにあうお酒

やさしい香りとおだやかな味わい

杜氏の晩酌 吟醸

磯の香りと豚肉のコクが吟醸酒と相性抜群！

豚肉とわかめの揚げだし煮

材料（2人分）

- 豚バラブロック…200g
- 生わかめ…80g
- 絹さや（塩ゆでする）…6枚
- 練り辛子…少々
- 酒…50cc
- めんつゆ…160cc（ストレートタイプ）
- 小麦粉…適量
- サラダ油…適量

作り方

1. わかめは食べやすい大きさに切る。
2. 豚肉は1cm厚さに切り、小麦粉をまぶし、170℃の油でこんがりと揚げる。
3. 鍋にめんつゆ、酒を入れて煮立て、1、2を加えて5分ほど煮る。
4. 器に盛り、絹さや、練り辛子を添える。

point 揚げた豚肉の油をよく切ってから鍋に！

This SAKÉ このレシピにあうお酒

やさしい香りと喉越しのバランスが絶妙

杜氏の晩酌 吟醸

― 純米酒とともに ―

With
Junmai SAKÉ

お米のふくよかな味わいを感じつつ味わうお酒と料理。

まったりとゆったりと、いい時間。

I

はちみつ醤油とバターが純米酒のコクを引き立てます。
大根とぶりのステーキ

材料（2人分）
- 大根（2cm厚さの輪切り）…2個
- ぶり…2切れ
- だし昆布…少々
- 万能ねぎ…少々
- バター…大さじ1
- オリーブ油…大さじ1

[タレ]
しょうゆ…大さじ2
はちみつ…大さじ1
酒…大さじ1

作り方
1. 大根は皮をむいて面取りをし、表面に十字に隠し包丁を入れる。
2. 鍋に *1*、かぶるくらいの水、昆布を入れ、ふたをしてやわらかくなるまで煮る。
3. フライパンにバター、オリーブ油を入れて熱し、大根をソテーする。焼き色がついたら取り出し、続いてぶりをソテーする。
4. ぶりに火が通ったら取り出し、[タレ]の材料を入れて煮詰める。
5. 器に大根、ぶりの順でのせ、*4* をかけ、ねぎを飾る。

point 大根はペーパーで水気をふいてからソテー♪

This SAKÉ
このレシピに
あうお酒

米本来の
旨みを感じる
ふくらみのある
味わい

**特別純米
極上吉乃川**

インパクトある味わいに純米酒の旨みがよく合います。

さんまのエスニック煮

Gyokai

材料（2人分）

- さんま…2匹
- ししとう…8本
- にんにく…1カケ
- しょうが…1カケ
- たかのつめ…1本
- レモン汁…大さじ1
- ナンプラー…大さじ1
- 酒…60cc
- サラダ油…大さじ1

作り方

1. さんまは頭、内臓を取り除いてきれいに洗い、3等分にする。
2. にんにく、しょうがはみじん切り、たかのつめは小口切りにする。
3. フライパンに油、2 を入れて火にかけ、香りがでたら 1、ししとう、レモン汁、酒、ナンプラーを入れ、ふたをして5〜6分煮る。

> **point** さんまはときどき裏返し煮汁をからめて♪

This SAKÉ このレシピにあうお酒

「五百万石」から生まれる米本来の旨みと香り

特別純米
極上吉乃川

甘じょっぱいタレが純米酒のコクを引き立てます。

豆腐とゼリーのパフェ

Tofu

材料（2人分）

- 絹ごし豆腐…1丁
- うに…少々

［ゼリー］
だし汁…120cc
酒…大さじ1
粉ゼラチン…2.5g
塩…少々

［タレ］
しょうゆ…大さじ2
砂糖…大さじ2
水…大さじ2

作り方

1. 豆腐はペーパーなどで水気を切る。
2. ゼラチンは水大さじ1でふやかし、湯せんなどで溶かす。
3. ［ゼリー］を作る。鍋にだし汁、酒を入れて温め、塩で味を調える。火を止め、余熱で2を溶かし、器に注ぐ。あら熱がとれたら冷蔵庫で冷やし固める。
4. 鍋に［タレ］の材料を入れ煮詰め、粗熱がとれたら冷蔵庫で冷やす。
5. 器に1を盛り、4をかけ、くずした3とうにをのせる。

point 豆腐の水切りはしっかりと！

This SAKÉ このレシピにあうお酒

軽やかな旨みとやさしい味わい

越後純米

カレー味の酢じょうゆタレと純米酒。はまります。

揚げなすとにんにくのカレー風味

材料（2人分）

- なす…4本
- にんにく…2カケ
- サラダ油…適量

[タレ]
- 酢…100cc
- しょうゆ…50cc
- かつおぶし…一つかみ
- たかのつめ…1本（小口切り）
- 砂糖…小さじ2
- カレー粉…小さじ1/2

作り方

1. なすは全体に切り込みを入れ、縦に4等分する。
2. 鍋に油、皮をむいたにんにくを入れて火にかけ、温まったら1を入れて揚げる。
3. バットに[タレ]の材料を入れ、揚げたての2を漬ける。

point 多めに作って常備おつまみに♪

This SAKÉ このレシピにあうお酒

飲みあきしない ライトな純米酒

越後純米

ほんのりピリ辛のソテーがふくよかな味わいの純米酒にぴったり。

いかとトマトのガーリックソテー

Gyokai

材料（2人分）

- するめいか…1杯
- トマト…2個
- にんにく…1カケ
- 大葉…5枚
- たかのつめ…1本
- ケーパー…40g
- 酒…大さじ2
- しょうゆ…大さじ2
- オリーブ油…大さじ2

作り方

1. いかはワタを取り出し、きれいに洗う。身は5㎜厚さの輪切りにする。
2. にんにくはみじん切り、大葉はちぎる。トマトはざく切りにする。
3. フライパンにオリーブ油、にんにく、たかのつめを入れて火にかけ、香りがでたらほぐしたワタを炒める。
トマト、いかの身を加えて炒め、酒、しょうゆ、ケーパーを入れて混ぜ合わせる。最後に大葉を入れる。

> *point*　トマトの水分が出ないように強火で一気に炒める！

This SAKÉ
このレシピに
あうお酒

ふくらみの
ある味わいと
きれいな後味

杜氏の晩酌
純米

新鮮なまぐろと豆板醤の辛みが相性抜群。濃醇な純米酒とともに。

まぐろのピリ辛鍋

Gyokai

材料（2人分）

- まぐろ刺身（柵）…100g
- 卵黄…1個分
- 豆腐…100g
- しめじ…1パック
- ニラ…1/2束

にんにく…1カケ
（みじん切り）
中華スープ…1カップ
酒…大さじ2
練りごま…大さじ1

豆板醤…小さじ1
塩…少々
ごま油…大さじ1

作り方

1. まぐろは厚めにスライスする。
2. ニラは5cm長さに切り、しめじはほぐす。
3. 小さめの土鍋にごま油を熱し、にんにく、練りごま、豆板醤の順で炒める。酒、中華スープを加えて煮立て、豆腐、しめじを入れてふたをして煮る。
4. 塩で味を調え、ニラ、まぐろ、卵黄を加え、ふたをして火を止め、少々蒸らす。

point まぐろは半生に仕上げるのがコツ♪

This SAKÉ このレシピにあうお酒

米由来の落ち着いた香りと味わい

杜氏の晩酌 純米

ぬる燗もおすすめ。クリーミーな食べるスープ。

れんこんのポタージュスープ

材料(2人分)

- れんこん…200g
- れんこんスライス…2枚
  (油で焼き色をつける)
- いくら…大さじ2
- 生クリーム…100cc
- ごはん…50g
- 酒…50cc
- コンソメ…1個
- 塩…少々
- サラダ油…適量

作り方

1. れんこんは皮をむき粗く刻む。
2. 鍋に油を熱し1を炒める。水2カップ、酒、ごはん、コンソメを入れてふたをして煮る。
3. 2をミキサーにかけ、鍋に戻す。生クリームを加えて温め、塩で味を調える。器に盛り、焼いたれんこんをのせ、いくらを添える。

> **point** ごはんの粘りが口当たりやさしいとろみに♪

This SAKÉ
このレシピに
あうお酒

どんな温度でも
楽しめる
ふくよかな味わい

**杜氏の晩酌
純米**

魚介の旨みとお酒の旨みが溶け合います。

鯛の和風アクアパッツァ

Gyokai

材料（2人分）

- 鯛…2切れ
- あさり…200g
- プチトマト…6個
- にんにく…1カケ
- 酒…100cc
- 塩昆布…20g
- バゲット…4切れ
- 塩…少々
- オリーブ油…適量

[ねぎオイル]
万能ねぎ（小口切り）…大さじ1
オリーブ油…大さじ1
塩…少々

作り方

1. プチトマトは四つ切り、にんにくはスライスする。
2. 鍋にオリーブ油、にんにくを入れて火にかけ、香りがでたらプチトマト、あさり、酒を入れてふたをし、蒸し煮する。
3. あさりの口が開いたら水1カップ、鯛、塩昆布を入れ、ふたをして煮る。塩で味を調える。
4. [ねぎオイル]の材料を混ぜ、焼いたバゲットに塗って添える。

point 塩昆布は細切りタイプがベスト♪

This SAKÉ
このレシピに
あうお酒

料理を引き立てる
奥行きある旨み

**杜氏の晩酌
純米**

Part II 特別な時に! リッチなお酒えらび

With luxurious SAKE

記念日やうれしいことがあった日にはちょっと贅沢に。
じっくり吟味して選んだリッチなお酒をもうて。
大事な人との大事な時間におしい酒を出てプラスして。

コクのある料理に芳醇な味わいのお酒がマッチ。

きのこと塩辛のアヒージョ

Yasai

材料（2人分）

- しめじ…1/2パック
- まいたけ…1/2パック
- しいたけ…2枚
- にんにく…1カケ
- たかのつめ…1本
- いかの塩辛…60g
- オリーブ油…100cc
- バゲット…適量

作り方

1 しめじ、まいたけはほぐし、しいたけは4等分にする。

2 にんにくはみじん切り、たかのつめは小口切りにする。

3 鍋に *1* 、 *2* 、オリーブ油を入れ、弱火で煮る。
きのこがしんなりしたら塩辛を加えサッと火を通す。

| *point* | きのこの旨みと塩辛の塩気だけでシンプルに♪ |

This SAKÉ
このレシピに
あうお酒

酒米「越淡麗」の
まろやかな味わい

純米吟醸
極上吉乃川

54　Part II　リッチなお酒とともに

バルサミコの酸味が最高峰のお酒の新たなおいしさを引き出します。

鯛の洋風手毬すし

Kome

材料（2〜3人分）

- 鯛の刺身…100g
- 米…1合
- 固形コンソメ…1個
- 甘酢生姜…適量

[タレ]
- バルサミコ酢…40cc
- 酒…40cc
- しょうゆ…大さじ1
- 砂糖…大さじ1/2

作り方

1 炊飯器に洗った米、分量の水、コンソメを入れて炊き上げ、粗熱をとっておく。

2 [タレ]の材料を小鍋に入れ、弱火で6〜8分とろみがつくまで煮詰める。

3 ラップを広げ、スライスした鯛を置き、
その上に*1*をのせてピンポン玉くらいの大きさに丸める。
皿に並べ、タレをかけ、甘酢生姜を添える。

> *point*　鯛の他にひらめやのどぐろなどでも♪

This SAKÉ
このレシピに
あうお酒

越淡麗を丁寧に
磨き上げ
気品ある香りと
奥深い味わい

純米大吟醸
極上吉乃川

56　**Part II**　リッチなお酒とともに

酒風味のソースで、熟成酒がよりふくよかな味わいに。

牛肉の重ねカツ れんこんチップ添え

Niku

材料（2人分）

- 牛薄切り…4枚
- れんこん…80g
- マスタード…小さじ1
- とんかつソース…大さじ2
- 酒…小さじ1
- 小麦粉・溶き卵・パン粉…適量
- サラダ油…適量

作り方

1 れんこんは皮をむき、3mm厚さにスライスする。

2 牛肉は広げ、マスタードを塗り、もう1枚を重ねる。これを2組作り、それぞれ3等分にする。小麦粉、溶き卵、パン粉の順につける。

3 フライパンに多めに油を熱し、れんこんを素揚げし、取り出し、2をこんがりと揚げる。

4 とんかつソース、酒を混ぜ、3のカツにかける。

point 牛肉の内側まで火が通るように中火でじっくり揚げること！

This SAKÉ このレシピにあうお酒

低温貯蔵で
深みを増した
繊細な味わい

吟醸三年貯蔵
極上吉乃川

秘蔵酒の神秘的な香り＋スパイシーな味わい＝新しいおいしさ。

いかのスパイシーサモサ

Gyokai

材料 （2人分）

- いか刺身…50g
- じゃがいも…1個
- パセリ…少々
- 餃子の皮…6枚
- サラダ油…適量

［下味］
マヨネーズ…大さじ1
カレー粉…少々
シナモン…少々
塩・こしょう…少々

［ソース］
ケチャップ…大さじ2
ウスターソース…大さじ
酒…大さじ1

作り方

1 じゃがいもはゆでて皮をむき、熱いうちにマッシュする。

2 いかは細かく切り、*1*、［下味］と混ぜ合わせる。

3 餃子の皮で *2* を包み、180℃の油でこんがりと揚げる。

4 ［ソース］の材料を混ぜ、パセリとともに添える。

> **point**　180℃の油で表面をカリッと揚げて♪

This SAKÉ
このレシピに
あうお酒

純米大吟醸原酒を
長期低温熟成。
まろやかな口当たり。

秘蔵酒
吉乃川

60　**Part II**　リッチなお酒とともに

パスタと日本酒。想像を超えた相性の良さを実感。

枝豆と豚ひき肉
サルシッチャ風パスタ

Niku

材料（2人分）

A
┌ 豚ひき肉…200g
├ にんにく（みじん切り）…1カケ分
├ ドライミックスハーブ…少々
└ 塩・こしょう…少々
・粉チーズ…少々
・パスタ…120g

［ソース］
枝豆
（塩ゆでしてさやからとる）
…1/2カップ
酒…50cc
サワークリーム…50g

作り方

1 Aをよく混ぜ合わせ、フライパンに広げて火にかける。焼き色がついたらへらなどでひと口大に切り分け、両面を焼く。

2 1に［ソース］の材料を加え、塩で味を調える。

3 アルデンテにゆでたパスタを2に入れて和え、器に盛り、粉チーズをふる。

point 豚肉のタネは薄めに広げて焼くと香ばしい♪

This SAKÉ このレシピにあうお酒

豊かな味わいと
上品な切れ味。

大吟醸
吉乃川

— カフェ気分で♪ —

With
Café Mood

週末の午後はお茶の代わりに日本酒リキュールで乾杯。

ほろ酔い気分で会話も弾みます。

II

素材とソースの味を、ゆず酒のやさしい酸味が引き立てます。

里いもとたらのコロッケ

Yasai　Gyokai

材料（2人分）

- 里いも…300g
- 塩たら…1切れ
- 小麦粉・溶き卵・パン粉…各適量
- 塩、こしょう…少々
- サラダ油…適量

［ゆず酒マヨネーズ］
ゆず酒…大さじ2
マヨネーズ…大さじ3

作り方

1　たらは湯通しして皮と骨を取り除き、身をほぐす。

2　里いもは皮のまま耐熱皿にのせ、ラップをして500Wのレンジに6〜8分かける。
　やわらかくなったら皮をむき、熱いうちにつぶす。

3　2に塩、こしょう、1を加えて混ぜ合わせ、ピンポン玉くらいの大きさに丸める。
　小麦粉、溶き卵、パン粉の順につけ、180℃の油でこんがりと揚げる。

4　［ゆず酒マヨネーズ］の材料を混ぜ、添える。

point　手にサラダ油を塗ると丸めやすい♪

This SAKÉ
このレシピに
あうお酒

日本酒リキュール
ならではのスッキリ感！

ゆず酒

中華のコクとさわやかな日本酒スパークリングがマッチ。

たけのこと焼き豚の春巻き

材料（2人分）

・ゆでたけのこ…80g
・焼き豚…80g
・なめこ…1パック
・春巻きの皮…4枚
・サラダ油…適量
・サラダ菜…少々

[合わせ調味料]
オイスターソース…大さじ2
しょうがすりおろし…小さじ1
ごま油…少々

[タレ]
卵黄…1個分
酢…小さじ1
練り辛子…少々

作り方

1 たけのこ、焼き豚は1cm角に切る。

2 1、なめこ、[合わせ調味料]を混ぜ合わせる。
春巻きの皮で包み、180℃の油でこんがりと揚げる。

3 皿にサラダ菜、2を盛り、[タレ]を添える。

| point | なめこのとろみが具材のつなぎ役に♪ |

This SAKÉ このレシピにあうお酒

しゅわしゅわと
淡雪のような
軽い飲み心地

酒蔵の淡雪

大人味のパンケーキをゆず酒とともに。ダブルゆず酒のおやつ時間。

チーズパンケーキ ゆず酒シロップ

Dessert

材料（2人分）

[パンケーキ]

卵…1個

クリームチーズ…大さじ1

溶かしバター…大さじ1

牛乳…60cc

グラニュー糖…大さじ2

小麦粉…80g

ベーキングパウダー…小さじ1

サラダ油…少々

[レーズンバター]

レーズン…大さじ2

バター…30g

ゆず酒…大さじ1

[ゆず酒シロップ]

ゆず酒…大さじ3

はちみつ…大さじ1

作り方

1 パンケーキを作る。卵、グラニュー糖をもったりするまで混ぜ合わせる。

2 1に溶かしバター、クリームチーズを加えてよく混ぜる。牛乳を少しずつ入れながら混ぜる。

3 小麦粉、ベーキングパウダーは合わせて1度ふるい、2と合わせる。

4 フライパンに油を薄くぬり、3を1/4量ずつ流し入れて両面をこんがりと焼く。

5 **[レーズンバター]** を作る。レーズンとゆず酒を混ぜ、
しっとりしたら水気を切り、室温に戻したバターと合わせる。

6 皿にパンケーキを重ね、5をのせ、混ぜ合わせた **[ゆず酒シロップ]** を添える。

point ゆず酒が香るレーズンバターはパンやクラッカーにのせても♪

This SAKÉ
このレシピに
あうお酒

爽やかな香りと
深い味わいの
バランスが絶妙

ゆず酒

大人味の梅酒のすっきりとした後味が
スイーツにぴったり。

ココアチーズムース

Dessert

材料（直径5cmのココット6個分）

- サワークリーム…50cc
- 生クリーム…100cc
- ココアパウダー…大さじ2
  （100ccの熱湯で溶く）
- グラニュー糖…大さじ2
- 粉ゼラチン…5g
- ミントの葉…少々
- ［ ドライフルーツ…大さじ2
  A
  └ 厳選梅酒…大さじ2

作り方

1 Aを混ぜ合わせておく。
2 粉ゼラチンは大さじ2の水でふやかし、湯せんなどで溶かす。
3 生クリームは七分立てにする。
4 サワークリーム、グラニュー糖を混ぜ、ココアを少しずつ入れて混ぜ合わせる。3、2の順で加え、器に入れ冷蔵庫で冷やし固める。1、ミントを飾る。

point ドライフルーツの梅酒漬けは
アイスクリームや
ヨーグルトのトッピングにも♪

This SAKÉ このレシピに
あうお酒

さわやかな
酸味と甘み、
すっきりとした後味　**厳選梅酒**

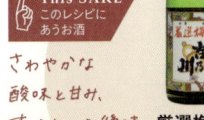

吉乃川のお酒 保存版

ふだん
飲みたい
お酒

吉乃川 越後シリーズ

アルコール度数を抑え(13%)、日本酒初心者にもおすすめ。
毎日の食卓に常備したい1本。

1
厳選辛口 吉乃川

自然の旨みとスッキリと
したきれいな後味。辛口
好みの方にお届けする
定番晩酌酒。

●このお酒のレシピ
→**P10**／**P12**／**P14**

2
越後吟醸

軽やかな味わいとほのか
な吟醸香のバランスを楽
しめる。

●このお酒のレシピ
→**P26**／**P28**

3
越後純米

ライトでありながら米の
風味を楽しめる1本。

●このお酒のレシピ
→**P40**／**P42**

杜氏の晩酌
シリーズ

杜氏が自ら日々の
晩酌で楽しみたい
味わいを形にしたシリーズ。

4
杜氏の晩酌
吟醸 吉乃川

やさしい香りとスッキリとした
きれいな喉越し。冷酒や常
温、ぬる燗もおすすめ。

●このお酒のレシピ
→**P30**／**P32**／**P34**

5
杜氏の晩酌
純米 吉乃川

米の旨みを生かし、冷酒・ぬ
る燗・熱燗など幅広い温度
帯で楽しめる。

●このお酒のレシピ
→**P44**／**P46**／**P48**／**P50**

6
杜氏の晩酌
本醸造 吉乃川

新潟県産の酒米「五百万石」
で醸した風味豊かでキレのあ
る本醸造酒。

●このお酒のレシピ
→**P16**／**P18**／**P20**

極上吉乃川シリーズ

ふだん飲みのお酒から、特別なときに飲みたい、大切な人へ贈りたい。
どんなシーンにも寄り添う蔵の顔ともいえるシリーズです。

7 吟醸

さわやかな香りと透明感のあるすっきりとした口当たり。

●このお酒のレシピ
→P22／P24

8 特別純米

地元で契約栽培された「五百万石」を使った米本来の旨みとふくらみのある味わい。

●このお酒のレシピ
→P36／P38

9 純米吟醸

契約栽培米「越淡麗」を100%使用。品ある香りときれいでまろやかな味わい。

●このお酒のレシピ
→P54

10 純米大吟醸

契約栽培米「越淡麗」を磨きあげじっくり醸した最高級酒。気品あふれる吟醸香が楽しめる。

●このお酒のレシピ
→P56

季節限定

11 吟醸三年貯蔵

吟醸極上吉乃川を3年以上低温貯蔵しゆっくり熟成。ほどよい深みを増した繊細な味わい。

●このお酒のレシピ
→P58

12 吟醸生原酒

吟醸酒のフレッシュでさわやかな香りと、原酒ならではの濃醇で深みのある味わい。

13 越淡麗吟醸 鷲頭

伝説の杜氏・鷲頭昇一の技術と熱意を継承し原点に立ち返り、「越淡麗」100%で醸した酒。

特別なとき飲みたいお酒

14
大吟醸 吉乃川

磨き抜いた新潟県産の酒米を丁寧に低温発酵させて醸した、手造りの大吟醸酒。デリシャスな香りとまろやかな口当たり。

●このお酒のレシピ
→P62

15
秘蔵酒 吉乃川

純米大吟醸原酒を長期低温熟成させ、深い味わいの手造りの大吟醸酒。デリシャスな香りとまろやかな口当たり。

●このお酒のレシピ
→P60

カフェ気分で

16
吉乃川 ゆず酒

ゆず果汁と日本酒が醸す、フレッシュで後味そう快な味わい。アルコール分7度。

●このお酒のレシピ
→P64／P68

17
厳選梅酒 吉乃川

日本酒仕込みの梅酒と淡麗辛口の日本酒をブレンド。まろやかな甘み。アルコール分13度。

●このお酒のレシピ
→P70

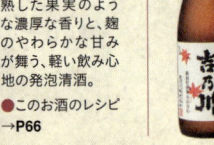

18
酒蔵の淡雪

熟した果実のような濃厚な香りと、麹のやわらかな甘みが舞う、軽い飲み心地の発泡清酒。

●このお酒のレシピ
→P66

季節商品 蔵出し

2月蔵出し
六段仕込み 吉乃川

従来は三段行う仕込みを六段まで分け、より丁寧に仕込んだ新酒本醸造酒。ほんのり甘口の春の味。

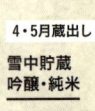

4・5月蔵出し
雪中貯蔵 吟醸・純米

新潟県産の新米を使った吟醸酒と純米酒の搾りたて生原酒を雪室貯蔵。雪国ならではの貯蔵法でまろやかに。

9月蔵出し
特別純米酒 ひやおろし 五百万石 吉乃川〈生詰〉

オール新潟県産五百万石で醸した純米酒をタンク貯蔵し、夏の間熟成させ秋口に生詰め。奥深い旨味の純米酒。

10月蔵出し
新米仕込み 新酒 吉乃川

新米をいち早く仕込み、秋が深まった頃にお届けする新酒。フレッシュな香りとサラリとした旨みの旬の味わい。

※レシピページでご紹介していない商品もあります。内容は予告なく変更になる場合があります。ほかにも多数商品がありますので、詳しくはwebをご覧ください。 http://yosinogawa.co.jp/

吉乃川の歴史 *— yoshinogawa history*

〈 長岡市・摂田屋 〉

新潟県最古の蔵として 名水で銘酒を醸し続ける

　県内最古の蔵元、吉乃川の創業は1548年（天文17）、上杉謙信が春日山に入城した年にあたります。蔵のある摂田屋は江戸時代の脇往還、旧三国街道沿いにあり、江戸時代は幕府直轄地（天領）でした。そして信濃川の伏流水という天然の良水に恵まれた土地でもあります。

　江戸時代に酒造業の基盤を強固なものとした吉乃川は、1865年（慶応元年）に屋号を水にちなむ「和泉屋」としました。1921年（大正10）には中越酒造株式会社を設立し、県内蔵元でいち早く法人化を成し遂げ、経営の近代化に取り組みました。

　「吉乃川」の銘柄は、15代・栄太郎が母「喜寿」をたたえ、母なる川、信濃川とあわせて「喜寿の川」としたことから始まります。73年（昭和48）には社名を吉乃川株式会社へ改称。創業から470年を経た今もなお、歴史ある醸造のまち・摂田屋で、恵みの水を大切に「吉乃川」らしさを追及して酒を醸し続けています。

母なる大河信濃川に抱かれ、伝統の酒造りを守り続ける

吉乃川の酒造り – *yoshinogawa sake making*

敷地内から汲みあげる天然の良水と新潟生まれの酒米を生かして

　仕込み水「天下甘露泉」は蔵の敷地内からくみ上げられる天然の良水。大河信濃川の伏流水と東山連峰の雪解け水が地下に浸透して混一したもので、適度にミネラル分を含む軟水です。

　米は新潟産にこだわり、酒米は長岡で誕生した「五百万石」と「越端麗」を中心に、いち早く生産者の顔が見える米を使用することに取り組んできました。さらに近年では吉乃川農産（P78）を立ち上げ、より良質で安全な酒米作りを推し進めています。

吉乃川の清酒はこの水と米を用い越後杜氏伝承の技突きハゼ麹と、長期低温発酵でゆっくりとていねいに醸されます。

手造り大吟醸が
できるまで

昔ながらの手作業で酒を造ることは、伝統の技の継承につながります。杜氏を中心に蔵人が一体となり、緊張感をもって酒を醸す経験が、すべての酒造りに生かされます。

1 洗米・浸漬

米を蒸す前に最適な水分量に合わせることが、最高の吟醸造りのスタート。

2 蒸米

昔ながらの「甑（こしき）」という蒸し器を使い、米を蒸す。

3 製麹

麹室で蒸し米に種麹をふりかけ、繁殖させる。徹底した温度・湿度管理のもと二昼夜で麹が完成。

4 酒母造り

出来た麹に水、蒸し米、酵母を加え、「酒母＝もと」を仕込む。雑菌から守りながら酵母を大量に増やし、酒母が完成。

5 仕込み

酒母に、水と麹と蒸し米を三回に分けて加える伝統の三段仕込み。約1カ月かけてゆっくりと発酵させる。

6 搾り

もろみを袋に詰めて積み上げることで、自然の重みによる圧力で、ストレスをかけずに酒を搾っていく。

7 利き酒

搾った酒を杜氏が利き酒し、香りと味、バランスを確認。最高のものが蔵を代表する出品酒となる。

吉乃川農産

yoshinogawa nousan

原料米も自分たちの手で

吉乃川農産は、前社長の川上浩司社長の強い意思から生まれました。中心メンバーは元々稲作農家で、米作りのプロでもある社員たち。長岡市越路と小千谷市の約200カ所、27ヘクタールの農地で、酒米「五百万石」と「越淡麗」を中心に、栽培しています。全量、化学肥料、農薬ともに50%削減する新潟県の特別栽培農産物の認証制度のもとで取り組んでいます。

自分たちの酒の原料となる米を、自分たちで栽培することに誇りをもち、酒造りに最も適した米作りをすることで、酒質もより向上していきます。現在は自社で使用する量の5〜6%を栽培していますが、将来は20%くらいまで増やし、高齢化する地域農業の頼れる担い手となることも視野に入れています。酒蔵としての理想の型を追求し米の自社生産に取り組み、ノウハウを蓄積し、次の世代へつなげていくことが吉乃川農産の使命です。

吉乃川女子部
yoshinogawa jyoshibu

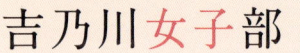

女性による女性のための日本酒コミュニティ!

世界中の女性たちに地酒のおいしさや楽しさを知ってもらいたい。そんな熱き思いのもと、吉乃川の女性社員が中心となり、吉乃川女子部が誕生しました。日本酒が大好きな方、気になっている方、チョット苦手な方。いっしょにわくわくする日本酒ワールドを覗いてみませんか？女子会や商品開発を通して、女性の日本酒ライフをお手伝いします。

\ 女子部員募集中! /

20歳以上の女性ならどなたでも参加OK！
入部フォームは公式HPからどうぞ。>> **yosinogawa.co.jp/joshibu.php**
twitter / **@yosinogawajosi**　**facebook.** / **@y0sin0**

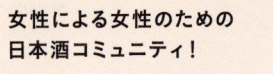

こんな活動をしています!
contents

日本酒リキュールの開発

「ゆず酒」や「ワイン酵母」などが商品化されました。

「瓢亭」で日本酒女子会を開催！

季節の行事やさまざまなテーマを設定して開催しています。

蔵見学やセミナーの開催

知ればもっとおいしく＆楽しくなる。日本酒のことをみんなでお勉強。

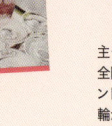

イベント開催

主催イベントのほか、全国各地でコラボイベントを開催。吉乃川の輪が広がっています。

SNSによる情報交換

ツイッターやフェイスブックでさまざまな情報交換＆発信を行っています。

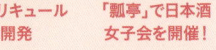

醸造の町「摂田屋」でうまい酒を知る。

吉乃川酒蔵資料館
瓢亭（ひさごてい）

旧三国街道沿い。敷地内の木立に囲まれた中に
建つ資料館です。軒下に飾られているシンボルの
瓢箪が目印。昔の酒造用具の展示、吉乃川の酒
造りの様子をビデオ鑑賞いただけます。お酒の試
飲と販売も行っています。

●案内時間／①10:00〜 ②13:30〜 ③15:00〜
●休館日／年末年始、不定休（土・日・祝日も予約により開館）
●入館料／無料 ●所要時間／約40分 ●定員／30名まで
ご来館常時受付中。お申し込みはお電話で。
直通／090-2724-9751 新潟県長岡市摂田屋4丁目8番12号

[吉乃川瓢亭   🔍]

※お車の運転をされる方、未成年の方の試飲はお断りしています。
※館内の都合上、完全予約制となっております。

おうちでカンタン 吉乃川バル

2018年3月20日 第1刷発行

レ シ ピ 中島有香
撮 影 村井 勇
デザイン 迫 一成 関谷恵理奈 杉井 翼
イラスト 大方美穂
編 集 高橋真理子

発 行 吉乃川株式会社
〒940-1105 新潟県長岡市摂田屋4-8-12 TEL 0258-35-3000
発 売 株式会社ニール TEL 025-261-7280
印 刷 所 株式会社ジョーメイ

万一、落丁乱丁の場合はお取替えいたします。

©Yoshinogawa Co, Ltd, Yuka Nakajima, Isamu Murai 2018, Printed in Japan
ISBN 978-4-909159-08-3